Margareta Amza

À la recherche du bonheur

Margareta Amza

À la recherche du bonheur

Éditions Muse

Imprint

Cover image: www.ingimage.com

Publisher:
Éditions Muse
is a trademark of
Dodo Books Indian Ocean Ltd., member of the OmniScriptum S.R.L Publishing group
str. A.Russo 15, of. 61, Chisinau-2068, Republic of Moldova Europe
Printed at: see last page
ISBN: 978-620-3-86497-7

À LA RECHERCHE DU BONHEUR

SOMMAIRE

PENSÉES ET SENTIMENTS 3

- Une histoire d'amour
- Élégie
- Seule
- Impression d'automne…
- Écho
- Soupir des roses
- Souvenir
- Toi
- Tristesse
- Thalasso
- Adieu Anina !

CHANSONS D'ORIENT 16

- Fleurs d'Orient
- La Caravane
- Chanson d'Orient
- La fille du Calif Zaire
- Chant guerrier
- Messaouda
- Dahabo
- Sur la tombe
- Le baiser de la haine
- Tassadit

ESSAIS ET CRITIQUES 34

- Climats (André Maurois)
- Printemps (Sigrid Undset)
- Ina (Vicky Baum)
- Les nuits de Bombay (Louis de Bromfield)
- Les grands initiés
- Maximes et conseils pour réussir
- Diverses sur la vie
- Proverbes et citâtes

-

PENSÉES ET SENTIMENTS

Une histoire d'amour

Tout passe avec le temps
Et le temps lui-même
Mais mon amour pour toi
Sera toujours le même
Souviens-toi de celle qui t'aime.

La vie est brève,
Un peu de rêve
Un peu d'amour et puis bonjour
Un peu d'espoir et puis bonsoir.

Sur la terre où tout s'égare
Même le plus bel avenir,
Si le temps nous sépare
Garde seulement mon souvenir.

≡

Élégie

Quand tu es près de moi et cependant lointain
Mon cœur qui bat pour toi se sent si triste, si loin
Oh! Laisses-moi regarder au fond de tes yeux verts
Sont-ils sans une flamme, sont-ils si déserts?

Ne sens-tu pas gémir mon âme endolorie
Et l'ombre de l'espoir qui fuyait de ma vie?
Démon, dont le sourire et le regard moqueur
Blesse d'un seul coup mon âme et tue tout mon bonheur!

Et même quand la ricane qui sur ta bouche s'attarde
Mystérieuse, farouche, elle qui me met en garde
C'est pour me prévenir que tu ne me crois pas
Et pour railler ma peine de mon cœur triste et las!

Le soir quand ma pensée souvent est vagabonde
En cherchant ton amour même jusqu'au bout du monde
Je m'endors en pleurant…alors c'est dans le songe
Que tu es tendre et bon…hélas cruel mensonge!

Car l'aube du jour livide efface le mystère
Le rêve doux et charmeur, ton image éphémère
Il neige sur le foret…il neige sur le chemin
Il neige sur mon âme…mon cœur t'appelle en vain.

Je sais lorsque tu passes, je sens tes pas venir
Sous ma fenêtre close, gardant leur souvenir
Pourquoi fuis-tu, de mon aveu suprême,
Quand un mot peut tout dire : chérie, crois-moi,
Je t'aime!

Seule

Tu veux partir si seul, si loin de moi
Tu me console en vain, je sais
Que ton chemin est long, sans but,
Que tu ne reviendras jamais!

Écoute un peu la mélodie
Qui fleure dans le soir tombant
La douce et triste 'Jalousie'
Te souviens-toi, c'est notre chant!

Ne pensons plus à l'avenir
C'est le présent qui nous enivre
Demain le rêve d'un souvenir
Nous donnera la joie de vivre.

Soyons encore une fois heureux
Sans regréter le temps qui fuit
Vivons le dernier moment joyeux
La dernière valse, la dernière nuit.

Souris-moi, qu'importe ce que je sais
Que tu ne reviendras jamais!

☰

Impressions d'automne...

Ce soir l'automne passe sa tristesse
Tristesse morose...
J'entends, rêvant à ma fenêtre close
Quelqu'un qui bat...
Et cependant personne n'est là!
Serai-ce le vent,
La lune, la pluie nocturne?
Serai-ce l'écho d'un souvenir?
Un souvenir de mon passé
Égaré par les ans...mon passé oublié
Ou c'est l'appel impétueux de l'avenir?

Inconnu!
Que le sort m'enverra
Je t'attends...
Inconnu, de mes rêves de jeune fille
Je t'adore...
Je ne sais ni ton nom, ni ta face
Et j'ignore même le son de ta voix
Mais viens, tu seras
Ma tendresse...mon idole.

Inconnu! Que le sort m'enverra
Je t'attends
Car j'ai soif de t'aimer.
Et je veux m'enivrer
De tes belles paroles
Même si elles sont des mensonges
Et le soir, quand le feu s'éteindra
Berceras-tu, Inconnu,
Dans l'étreinte de tes bras
Mes soupirs et mes songes?
Me chanteras-tu, Inconnu,
Une berceuse monotone
Comme on chante près du lit des enfants
La chanson nostalgique de l'automne!

Pour que tard, endormie, dans tes bras
Que je sois trop ravie
De me voir dans mes rêves de jeune fille.

Ce soir l'automne berce ma tristesse
Tristesse morose
Autour de ma maison…
J'entends rêvant à ma fenêtre close
S'égarer dans les ans
Mon passé, oublié.
J'entends s'en aller les souvenirs…
Et j'entends encore
Frémissante, d'attente
Cette approche troublante
Du maître de mon avenir…

☰

Écho

C'est toujours l'automne
Avec ses feuilles jaunes
Les pluies monotones,
Et ses jours si mornes…

C'est l'automne gris
Mon âme qui se brise,
L'attente indécise,
L'écho de la brise.

C'est l'automne errant
Qui frédonne un chant
Au rythme obsédant
La chanson du vent…

C'est l'automne sans fin
Qu'importe le destin
De mon triste « demain »
Quand mon rêve est vain…!

Soupir des roses

J'ai fui ces grands oiseaux qui me prédirent le mal
J'ai fui tes yeux plus verts que le songe des méduses
J'ai fui les vieux sentiers, leurs nostalgies confuses
Ou jadis j'ai baisé les traces de ton cheval...

J'ai fui ma terre perdue, le temple de notre Dieux
J'ai fui la caravane avec ses tentes de toile
J'ai fui la mer plus bleue que le rêve des étoiles
J'ai fui le feu sacré et la tombe de mes ailleux.

Je ne connais personne que le Simoun morose
Je suis venue de loin... je partirai plus loin
Que m'importe s'il fait soir ou s'il fait matin
Le chant du Luth qui pleure, ou le soupir des roses.

Je bois de l'eau au goût salé de fleurs fannées
Que m'importe les liqueurs aux nuances de topase
Ou l'elixir du vin de Caucase
Quand j'ai bu sur tes lèvres la rosée des belles fleurs.

J'ai hais les sourires et tous les gens qui passent
Je hais les marins qui te tendent du pain
Je hais le sourire clair de ce jeune homme si blond
Son sourire était le seul ... les autres des grimaces.

Que m'importe ces marchands qui vendent des
chimères,
Des saphirs, des rubis, du jade, aux contours chauds
Quand tes yeux sont plus verts que l'émeraude
Et ton cœur est plus dur... que la plus dure des
pierres.

Pour te revoir encore je franchirai la mer
Je franchirai le ciel... et les déserts de sable
J'irai jusqu'en Enfer s'il en existe un
Et si le hazard est toi, tu n'étais qu'un Diable.

Ton souvenir.

Tu pars si seul si loin ému
Tu me console en vain, je sais
Que ton chemin est long sans but
Que tu ne reviendras jamais!

Écoute un peu la mélodie
Qui pleure dans le soir tombant
La douce et triste « Jalousie »
Te souviens-tu c'est notre chant!

Ne pensons plus à l'avenir
C'est le présent qui nous enivre
Demain le rêve d'un souvenir
Nous donnera la joie de vivre.

Soyons encore une fois heureux
Sans regretter le temps qui fuit
Vivrons la dernière heure joyeuse
La dernière valse, la dernière nuit

Souris-moi qu'importe si je sais
Que tu ne reviendras jamais!

Toi

Toi plus blonde
Que le blond de mes rêves diaphanes
Toi plus blanche
Que le blanc des matins sans soleil
Toi plus triste
Que le triste des jasmins qui se fanent
Toi qui berces
Dans les nuits de détresse, mon sommeil.

Tu me grises quand j'écoute
Dans le creux de tes mains
La lointaine nostalgie
Des grandes routes
Où se mêle indécise
La prière des chemins...

☰

Tristesse

Le soleil est tombé dans la mer,
La lune s'est enfuie
Vers d'autres galaxies,
Les fleurs qui nous donnaient
La joie de vivre,
Sont fanées à jamais.

L'Espoir n'a plus d'espoir,
L'oubli, c'est une suprême illusion perdue
Puisqu'on se rappelle
Chaque matin et chaque soir
Qu'on est né condamné à la mort.

Le temps a été inventé
Pour mesurer notre grande angoisse
Qu'on appelle la vie.
Le silence des choses
Qu'on ne connaît pas,
On l'a appelé éternité.

Toi seul tu étais Tout !
Pour ne pas être Seule,
La Divinité s'est créée en trois.
Nous, nous étions deux
Et nous étions forts
Car nous n'étions qu'un…

Thalasso

Au rythme berceur
La mer sommeille,
Immense saphir
Rêveur.
Et le silence du soir
A la cadence des flots.

Quand se reflète dans l'eau,
Comme dans un grand miroir
Bleu-noir,
La danse Des bateaux.
À l'horizon lointain,
Merveille,
Des eaux, s'éveille
L'étoile des marins…

Le vieux monde,
Un grain
De sable du désert.
Le vieux monde,
Poussière
Sans Dieu, sans lumière
Dans l'abîme profond
De l'immense Univers.

C'est le jour qui s'en va
Et qui cueille mon sourire
Car la nuit va s'endormir.
Pécheurs de rêves
Amoureux des étoiles
Sur le sable des grèves
La mer, jalouse de vos rêves,
Jettera vos corps pâles…

☰

Adieu Anina![1]

Le ciel est noir, les feuilles qui tremblent
Du peuplier…au vert qui semble
Chanter une ironie profonde.
Personne encore et dans ce monde
Personne encore, ne fût si triste
Que moi ce soir…et quand j'assiste
À la cruelle fin de mon pays
Je sens mon cœur qu'en mille débris
Se brise…

Un grand poète a cit une fois :
Partir c'est la mort de l'amour
Et revenir quand c'est trop tard
C'est plus affreux qu'un long départ.

Tremblez! Oh! Feuilles de peuplier
Jamais vous ne me reverrez
Car dans ma vie, mon doux bonheur
C'en est fané ainsi qu'une fleur…

Et seule sur terre dans ma détresse
C'est Cosava[2] qui me caresse
Et rit et pleure mon désespoir
Ma lourde douleur, sans un espoir…!

[1] Anina est une place merveilleuse dans un pays lointain

[2] Cosava est le nom du vent local

CHANSONS D'ORIENT

Fleurs d'Orient

J'ai connu jadis une belle Orientale
Là-bas où le soleil a des rayons d'opale
Où la mer est d'azur et les âmes sont chaudes
J'ai connu une belle fille aux grands yeux d'émeraude.

C'était un soir d'été clair et plein de mystères
Les étoiles brillaient et une brise légère
Caressait doucement les fleurs blanches endormies
Et chantait fort gaiement des refrains de poésies.

Je l'ai vu, c'était elle, que parfums embaumaient
Dans ses longs cheveux noirs des gouttes d'eau scintillaient
Et l'onde pure de la vague qui baignait le rivage
Arrivant jusqu'à elle se brisait sur la plage.

Dans le bois et dans l'ombre en fuyant me sourit
Jetant vives regrets sur mon cœur qui s'éprit
Oh! Ses dents comme l'ivoire et son teint chaud d'olive
Je voudrais tant les voir, ma joie serait si vive

Loin, très loin un pêcheur attardé sur la mer
Fredonnait en ramant l'éternel chant amer
Que murmure vers le soir les fantômes des eaux
Marins morts disparus des naufragés bateau.

Mais un jour le soleil ne voulait se montrer
Envoyant sur la terre asculique un baiser
J'ai senti quand j'ai pris mon chemin d'Occident
Dans mon cœur une douleur pour la fleur d'Orient.

La Caravane

La route du Sahara qui mène à Biserte,
Dans le soir tombant, est maintenant déserte
Plus de Bédouins, plus d'Arabes aux noires barbes touffues
Plus de troupeaux nomades sur les plaines répandues.

Le 'Silence' en est roi, jusqu'à l'horizon
Une nouvelle qui arrive fait frémir le gazon
La caravane s'approche, dandinent les chameaux
Portant sur dos les bagages, dans des peaux d'animaux.

Et le soleil qui vit derrière les collines
Jette un dernier regard sur tous ceux qui cheminent
Un homme soupire en vain, un autre qui s'endort
Et pardessus tout être le grand silence de mort.

Or voilà que d'un coup sur les sables, par là
Tout au loin de l'oisive un point noir est sorti
Les chamelles tressaillent et les hommes tous qui veillent
Se préparent pour la lutte et les autres se réveillent.

Car c'est 'El-Beik-han' qui arrive chevauchant
Et dont toute l'Arabie craint son sabre tranchant
Il attaque voyageurs, les villages, il les pille
Il met feu aux maisons et enlève les filles.

Mais ce jour de tristesse seul galope Alézan
Car son maitre très cher du désert 'Prince charmant'
S'en alla dans l'Éden au royaume des Huries
Pour ne plus revenir dans les terres d'Arabie.

☰

Chanson d'Orient
(D'après Omar Khayam)

Au rythme berceur
La mer sommeille
Comme un immense saphir
D'extase rêveur.

Et le silence du soir
A la cadence du flot.
Il se rejette, dans l'eau
Comme dans un grand miroir
Tout noir.

La danse des bateaux
A l'unisson, lointain.
Merveille des eaux,
S'éveille l'étoile
Des marins.

L'écho de ma tristesse
Dans l'inconnu désert
Se perd, prière musulmane
Au pas onduleux des chameaux.

Et la nuit, paupière du jour
Effeuille une rose,
Éclose, sans la rosée
De l'amour.

Sur le chemin qui va
À l'ombre des maroquins
Ou poussent les violettes,
Les roses et les jasmins.

J'attends ma bien-aimée
Plus belle que l'aurore
Qu'illumine le monde
Danseuse et vagabonde.

Toi! Dont la joue
Humilie l'églantine, Toi!
Païenne, mais divine
Au visage d'une idole chinoise.

Toi, jeunne fille, qui donnait
De tes lèvres amères
Dans la nuit d'un baiser,
Le mirage du mystère.

Toi, jeune fille,
Au corps souple et fragile
À la danse sinueuse,
Voluptueuse, de reptile.

Toi, jeune fille aux yeux verts,
Ondes changeantes,
Veloutées et pervers,
Que j'appelle.

Toi, jeune fille que j'adore,
Que j'attends,
Toi plus belle
Que l'aurore d'Orient!

Et plus vaines, se trainent
L'amertume et l'ennui
Et plus frôles dans la nuit,
Des soupirs brisent leurs rêves.

Comme se berce sur les eaux
En extase d'abandon
La chanson du Zéphire
Dans les violes des bateaux!

Quand une rose s'épanouit
En jardins de Khayam,
Ta présence vagabonde
Est une fleur d'oranger.

Sur le chemin qui va
À l'ombre des maroquins
Là poussent les violettes,
Les roses et les jasmins.

J'attends ma bien-aimée
Pourquoi t'es-tu enfoui?
Dans quel monde, sous quel ciel,
Dans quelle nuit?

Quand pour toi,
Je savais te donner
Une berceuse, merveilleuse
Comme un conte d'Orient.

Je savais aspirer
Tes babines brulantes,
Ton parfum embaumé et cueillir
Sur ta lèvre un sourire.

Je caresse ton visage
Comme la rose d'églantine,
Tes cheveux et la flame scintillante
Qui pétille dans tes yeux.

Et je veux t'endormir dans mes bras
T'enivrer d'une extase si amère
Dont moi seul dans ce monde
Je connais le mystère!

Le soleil dore ses fleurs d'émail
En disant : Buvez!
Regardez! Des hommes qui viennent
Qui passent et d'autres qui s'en vont.

Alors buvons! Sur la terre il y a des misères
Le vaste monde n'est qu'un grain de sable
Du désert, de l'abîme profond
Dans l'immense Univers.

La fille du Calif Zaire

Quand le soir enveloppe en sa chaude lumière
Le palais du Calif, les jardins des sultanes
Quand l'heure grave résonne, rappelant les prières
Dans le sombre silence, avec murs sombres de pierre
Des mosquées musulmanes…

C'est alors que s'élève comme une plainte bizarre
Implorant les secours d'un « Allah » dur et vain
Une étrange mélopée, chant sinistre et barbare
Qui déchire le silence puis s'éloigne et s'égare
Se perdant au lointain…

Le Séraï est fleuri et Zaïre la belle
Sous l'abri ondoyant de son bleu baldaquin
Dort…rêvant qu'un giaour qui se penche sur elle
Sur sa bouche frémissante, sur sa noire prunelle
Pose ses lèvres, soudain…

Elle tressaille, elle se lève, voit dans l'ombre, sourire
Le héros du beau rêve qui ignore son sort
Il n'entend que le vent, que la brise qui soupire
Et ne voit pas sans doute au chevet de Zaïre
Une esclave qui dorme…

La jeune fille l'avait su… c'est un fils de la mer
Un pirate espagnol dont le teint est bruni
Et ses yeux qui scintillent, ils sont pleins de mystère
Et sa bouche garde encore une ligne amère
Même quand il lui sourit…

Il s'approche en extase et murmure sans trêve :
« Le marin est tout près, O Zaïre ma belle sœur
Je t'emporte avec moi… nous serons comme en rêve
Tu verras d'autres cieux, d'autres mondes d'autres grèves
Plus jolies qu'en Orient… »

Il se penche et inspire le parfum qu'elle ?
Elle écoute ses murmures… car elles lui parlent d'amour
Et charmée par sa voix aux ?
Sent son cœur s'enflammer d'une passion ?

Viens… Zaïre ma belle sur le flot qui nous ?
Vois le temps est si court pour partir et aimer
Viens… oublie le Séraï et ses femmes perverses
Abandonne ton père le Calif et la Perse
Pour l'amour d'un baiser…

Et alors la jeune fille tend les bras vers celui
Dont elle sent la haleine lui brule les paupières
Elle caresse son front ses cheveux blonds et lui
La doucement et ils quittent dans la nuit
Le Séraï des mystères…

Mais l'esclave qui dormait tout à coup se réveille
Aperçoit la princesse dans des bras inconnus
Et la bouche inconnue frôle la bouche vermeille
Il redresse d'un bond maudissant son sommeil
Sa poitrine forte et nue…

Et le nègre affolé cherche une arme au hazard
Il se glisse sur les dalles doucement il avance
Son visage est tout blême et ses yeux sont hagards
Et sa main contorsée ou il serre un poignard
Frappera en silence…

Car soudain dans ses yeux passe une flamme sauvage
Ses dents grincent de joie, son regard est affreux
Il a vu que leurs pas se dirigent vers la plage
Où se berce un navire qui touche le rivage
Les attends tous les deux…

Il se lève comme un fauve sur le sang d'une trace
Lève d'un coup le poignard et l'enfonce… chancelant
Le blessé s'arrêta… le sourire de sa face

Sur le doigt de la mort s'échangea en grimace
Au visage sanglant…

Puis quand s'abattit sur le sable humide
Une sueur de mort baignait son front frôle
Son regard ne vit plus, il était froid et ?
Les soupirs haletants sur son lèvre ?
Le dernier fut un râle…

… Et puis…le songe s'évanouit, il n'était qu'un mensonge…

Le matin enveloppe en sa chaude lumière
Le jardin du Calif
Et quand l'heure grave résonne rappelant aux prières
Dans le sombre silence des murs sombres de pierre
Des mosquées musulmanes.

C'est alors que s'élève comme une plainte bizarre
Implorant le secours d'un Allah dur et vain
Une étrange mélopée, chant sinistre et barbare
Qui déchire le silence puis s'éloigne et s'égare
Se perdant au lointain…

Chant guerrier

Nous sommes les maitres seuls
Du pays où vécurent les Pharaons,
D'où vient le vent qui mène avec son air sauvage
Le rugissement des lions…

Nous sommes les maitres seuls
Des vastes étendues,
Des terres les plus torrides,
Du plus bleu de leurs cieux.

Nous sommes les maitres seuls
Des grands sables livides,
Ou l'on entend la nuit
La voix de notre Dieu.

Messaouda

Messaouda, comme autrefois
Ton corps fragile
Se laisse bercer
Par le chameau
Dans les sentiers de mon jardin…

Messaouda, Messaouda,
L'Ange Azraïl a effacé ton doux sourire
Et sous les cils de tes paupières,
Le long de ton dernier chemin,
Tes yeux au regard immobile
Voient-ils peut-être refleurir
Une dernière fois
Mes blancs jasmins ?
Messaouda, Messaouda…

≡

Dahabo

Dahabo, quand tu danses
Toute nue
Près des vastes étendues
Des déserts infinis
Comme une rose qui frémit
Sous la brise des grands sables torrides,
Évoquant par ton rythme alangui
Le silence
Des imenses pyramides.

Dahabo,
Quand ton corps de réptile
Se détend ondulant
Dans un dernier ébat,
Le dernier des frissons,
Quand ton ombre s'allonge
Puis demeure immobile
Comme tes yeux fascinants sous la baisse de tes cils
Quand mon luth ne chante plus la chanson
Sur sa corde qui s'endort
Quand ton sein ne suit plus sa cadence
C'est la fin, la dernière de tes danses,
C'est la danse de la mort…

☰

Sur la tombe

Là, sous ces pierres
Gît Daoulah.

Sous l'ombre bleue des oliviers
Devant ce rocher qui surgit
À l'horizon impénétrable elle dort.
C'est son dernier sommeil
Au bord de l'infini des sables…

Oh, toi qui passes
Toi que jadis elle a aimé
Par quel sentier es-tu venu?
Sais-tu que l'ombre bleue de ces espaces
Sous le silence des oliviers
Devant ce massif qui surgit
Cache l'oubli éperdu des tombeaux
Sous la noire invisible menace…
D'Azraïl…?

Toi qui passes…
Le sens-tu qui surveille
Aux limites de ces terres…
D'où le vent n'amène plus le murmure de la mer,
Car son chant n'est plus qu'une plainte…

Et les morts silencieux qui sommeillent
Ne rêvent plus la tristesse des étoiles
Car aux cieux de leurs songes
Les étoiles sont éteintes…

Le baiser de la haine

Je te hais et je t'aime…
Ton baiser c'est l'extase d'un mensonge
Sur tes lèvres candides
Ton haleine
C'est la brise des grands sables torrides
De ta bouche, l'élixir où se cache la haine…

Et pourtant je me laisse engloutir dans cette nuit parfumée
Où je rêve le plus beau de mes songes
La candeur d'un mensonge…

Et pourtant, quelquefois, je voudrais que je morde ton sourire de dédain
Je voudrais que je crève le mensonge de tes yeux
Je voudrais crier au Dieu de mes cieux
D'étrangler mon destin…
Je voudrais que tes lèvres soient blêmes…

Je voudrais te pétrir de blasphèmes
Et pourtant quand je sens ton haleine
Qui me grise de l'extase le plus vain
Qui me grise du poison de ta haine
Je te hais, et je t'aime…

≡

Tassadit

…Sur la mer violette des bateaux s'effaçaient…
La Mosquée des anciens Padichahs d'Ispahan
Surveillait en pénombre…

J'étais seule, inconnue, dans une ville inconnue
Regardant toutes ces femmes qui passaient
À l'étrange silhouette derrière leurs voiles sombres…

Quand soudain…
Sur les marches qui montaient vers l'Empire des ombres
Je l'ai vue…!

Dans la brume violette de l'automne…
Elle s'appelait : Tassadit
Une enfant pieds-nus
Égarée dans la case des anciens Padichahs
Où les vieux mendiants à la voix monotone
Murmuraient en tendant leurs deux bras pour l'aumône
Le saint nom du Dieu!

Sur ses bras
Tassadit…
Elle portait des bouquets de lilas
Des rameaux de jasmin
Et des fleurs parfumées de l'orange
Elle tendait vers ce monde inconnu
Vers ce monde si étrange…
Les boutons de ses roses carmin…

J'ai souris en voyant son visage
Nostalgie vagabonde…
Que m'emportent ces caresses des pétales
De ces roses embaumées
Que m'emportent la pâle nostalgie des jasmins
Que m'emportent toutes les fleurs de lilas de ce monde
Quand pour mo j'ai choisi

La plus fraiche des herbes de steppe
Odorante et sauvage
La plus blonde…

Le bouton de sa bouche cramoisie
J'ai choisi, son visage
Dont la joue humilie l'églantine
La douceur des esclaves chrétiennes
Et le charme, l'indolence divine des païennes…

Je l'ai prise par la main
Pour partir avec elle sur les routes de ce monde
Mendiante avec pieds nus, vagabonde…
Pour errer avec elle, dans le soir étoilé
Tout au long de ces grèves, de ces tristes maisons
Dans les rues
Où s'enferment pour la nuit, les passants
De cette ville inconnue…

Elle sourit aux chacun des passants qu'elle rencontre
À ces femmes de mystères sous leurs voiles
À ces hommes si étranges
Elle leur offre ses roses
Et ses branches de jasmin
Je lui chante pour qu'elle danse
Sur la pointe des petits-pieds
Au milieu du chemin…

Je me moque du hasard
Car j'ai pris Tassadit dans cette ville de tristesses
Et pour elle j'ai acheté dans ce pauvre bazar
Pour ses pas de princesse
Deux petites babouches de velours et de soie
Et encore j'ai acheté pour son talent, de ma poche
La figure grimaçante d'une idole chinoise…

…Sur la mer violette des bateaux s'affaissaient…

La Mosquée des anciens Padichas sommeillait en pénombre…
J'étais seule inconnue dans cette ville inconnue
Regardant tout ce monde étrange qui passait
Au visage triste et sombre.
Et pourtant, dans cette nuit
Sur les dalles qui montaient vers l'empire des ombres
Tassadit s'est enfuit…

Elle a pris ses babouches de velours violet
Un œillet
La parure de sa blonde chevelure
Et encore elle a pris avec soi
La figure grimaçante de l'idole chinoise…

ESSAIS ET CRITIQUES

Climats

(Par André Maurois)

C'est la triste histoire de deux ménages, plutôt d'un homme à travers ses deux ménages, étrangement pareilles sous leur aspect général mais ou les rôles des personnages s'inversent. Dans le premier, Philippe Marcerat, le jeune ingénieur aime sa femme d'un amour intense et malheureux. Odile, l'enfant merveilleusement blonde, d'un charme exquis et parfois mystérieux dans sa beauté éblouissante est souvent superficielle, légère, capricieuse. Au fond d'elle-même volontaire et un peu égoïste, elle veut imposer à son mari dans la ruse de ses attraits physiques, ses caprices et ses mensonges, son air candide et trompeur. Elle n'est pas méchante, elle est un peu trop féminin par son sentimentalisme et sa sottise. Son esprit n'est pas raffiné comme chez la plupart des filles d'Ève, elle n'a pas le courage de la sincérité et de la droiture. Elle ment avec une désinvolture surprenante. Par son âme, elle est peut-être une de ces femmes médiocres, insignifiantes, mais par son physique elle est remarquable, elle est esquisse.

<u>Citats et commentaires</u> :

« Quand on vous connait peu on vous considère frivole et au fond vous n'aimez que les choses tristes. Je suis très grave mais je ne peux pas me montrer à tout le monde telle que je suis »

C'est faux! Odile est grave par son tempérament et non pas par son cœur, par soi-même. Elle aime se complaire dans cette douce mélancolie comme Philippe dans son souffrance d'amour.

« Les femmes sont de grands enfants, elles ont gardé le sens du merveilleux. Et plus le cadre de la vie quotidienne réelle est si limité pour elles, qu'elles souhaitent toujours s'en échapper »

Les femmes sont plus sensibles et plus imaginatives, plus tendres et plus mélancoliques. C'est pourquoi elles vivent plus par le cœur que par le jugement, plus par l'imagination que par le sens de la réalité, plus dans le passé que dans le présent, plus pas l'instinct que par la raison.

« Une femme amoureuse n'a jamais de personnalité. Elle dit qu'elle en a une, elle essaie de se faire coriace, mais ce n'est pas vrai. Les femmes essaient toujours de comprendre les personnes que l'homme qu'elles aiment »...

« Qui donc a dit qu'entre l'homme et la femme c'est souvent une phrase naïve et sotte, dite par les femmes, qui donne à l'homme l'envie de baiser cette bouche enfantine, tandis que pour la femme c'est souvent le moment ou l'homme serait le plus grave et le plus durement logique, ce qu'elle aime le plus fort ? »

Donc :

a) Les femmes peuvent être liées par une promesse ou par un serment. C'est faux parce que les femmes n'ont pas de morale, elles dépendent pour leurs mœurs de ceux qu'elles aiment...
b) Il existe une personne parfaite avec laquelle la vie serait une suite de joies dans mélange de sens, de l'esprit et du cœur. C'est faux, parce que deux êtres humaines amarrés l'un près de l'autre sont comme deux vaisseaux secouées par les vagues : leurs coques se heurtent et gémissent.

« Si l'on aime vraiment il ne faut pas attacher grande importance aux actions des êtres qu'on aime, nous avons besoin d'eux, eux seuls nous font vivre dans une certaine atmosphère, dans un climat dont nous ne pouvons pas nous passer »

Philippe Marcenat n'a vraiment aimé aucune des personnes qui ont passé dans sa vie, aucune. Il cherche partout, dans chacune d'elles la chimère crée par son imagination d'adolescent, d'enfant. Il n'est heureux que par la souffrance et dans la souffrance. Le caprice est le seul principe de sa vie. Dans son second mariage, Isabelle, qui l'aime, qui l'adore, qui ne voit en lui que le seul, l'unique idéal de sa vie, ne lui parait qu'une personne curieuse, jalouse, mesquine.

Au fond elle est bonne, elle est câline, elle est sage, mais ce n'est pas la femme qu'il lui faut à lui. A ce Philippe qui a adopté en quelque chose les manières d'Odile, ses gouts, ses plaisirs. Toutes les situations, tous les aspects, tous les défauts de l'ancien ménage se répètent d'une manière étrange dans le nouveau ménage. Les acteurs seuls ont changé de rôle. Cette fois-ci c'est Philippe qui est aimé et Isabelle la malheureuse fidèle.

Mais Philippe ce n'est pas un homme qui veut être conquis c'est lui qui veut conquérir, qui aime les femmes par leur nouveauté, leur charme, leur légèreté même…

Et ce livre n'est pas un roman, ou l'histoire d'un récit fantaisiste, mais c'est la vie, la vraie vie, la vie de tous les jours, monotone, quotidienne, égoïste, la vie des bourgeois aisés qui ne pensent qu'a l'amour, qu'à leur personne, qu'à leur maison, qu'à leurs aventures.

CLIMATS n'a rien de 'grand', cependant il a du 'vrai'.

Printemps (par Sigrid Undset)

Fille d'un archéologue, savant remarquable, mort prématurément et dont les travaux et l'influence avaient franchi les limites de la Scandinavie, Sigrid Undset semble avoir hérité de lui le gout de l'histoire, le gout des grandes œuvres et des vastes architectures qui implique un puissant équilibre des facultés créatrices.

Printemps : Une œuvre qui garde entre ses pages l'atmosphère bleue, le charme mystérieux et inédit d'un autre bout de monde, d'une lointaine et arctique Scandinavie.
La délicate et fraiche délicate description d'un paysage, qui se mêle à une analyse psychologique des âmes, donne au roman l'empreinte du génie féminin, d'une finesse mélancolique, caractéristique aux femmes.

... Route enchantée, route déserte, elle était là, comme toujours attendant comme toujours tous les ans la venue de cette jeunesse: les ans passent, les soirs de printemps, seule ou deux à deux, portant le fardeau de leur solitude ou le désir de leur cœur. Pour une fois, la route est là, parmi les champs verdoyantes, déserte et sans fin. Jusqu'à la nuit noire des bois...

Femme, supérieurement femme, Sigrid Undset se peint elle-même, peint la femme, jusqu'au plus profond de son caractère, suit la modulation et la transformation de son esprit, de son âme, de son corps, à travers la jeunesse, la maturité, le déclin.
La femme de Sigrid Undset est à la fois mère, amante, épouse, mais avant tout elle est femme...!

Dans sa description, dans ses lignes, les paroles sont celles de jeunes-filles de tous les âges, de tous les pays, de tous les jours. Ce n'est pas Rose Wegener qui parle, mais c'est le cœur de jeunes-filles qui désirent et qui appellent : « *Malgré tout ce qu'il y de commun entre nous... amitié, camaraderie, il me semble qu'in jour pourrait venir même tout cela n'existerait pour moi…je sens que tout cela pourrait arriver…et…je souhaite même que cela arrive! Je n'en peux plus, je suis lasse d'être toujours seule avec moi-même… mais je ne peux pas m'empêcher de souhaiter la venue de celui qui en serait capable…* »

Ina (par Vicky Baum)

Après « Futures vedettes », « Hélène Wilzur » et d'autres viennent les thèmes d'Ina et de ses danses, dont chacune illustre une période de son existence. C'est un des livres qui font l'honneur à Vicky Baum – l'enfant pudique.

« Un livre c'est la température d'une âme » dit Roland Alix dans son introduction. Est c'est vrai : '*Celui qui l'a créé s'y reflète, bon gré, mal gré, il y a mis le meilleur et le pire*'.

C'est ainsi que tous les ouvrages et les romans de Viky Baum se ressemblent. La sensibilité de l'auteur se transmet à toutes les héroïnes, chacune gardant pourtant un peu de spécifique pour elle-même. Ainsi, passant de la positive Hélène Wilsur à la douce Édith des « Futures vedettes » et enfin, aboutissant dans le domaine d'Ina Raffay, la dynamique Ina, celle dont l'âme n'est jamais en repos, cherchant l'inconnu, le nouveau, et trouvant toujours la même chose parée dans une nouvelle forme.

Ina Raffay, enfant prédestinée, qui débute par la 'danse en vert', à cette première danse d'autres succéderont : Ina, par la volonté de Vicky Baum semble traduire sa vie par des pas et des évolutions; à chaque époque correspond une danse, qui la marque en la symbolisant. Elle terminera son existence dont on ne sait vraiment si elle est longue ou brève, par la 'dernière danse' dont les figures rejoignent les derniers désirs et les dernières craintes.

Les personnages qui se meuvent autour d'Ina et qui contribuent à nous éclairer sur son caractère et sur la manière d'agir, madame Baum les a rappelés pour qu'ils composent autour d'Ina un quasi-spectacle. Personnages de second plan, à la voix et à la baguette d'un maitre de ballet caché dans la coulisse, un à un ils entrent dans le halo qui auréole Ina, puis esquissent avec un des gestes qu'il faut; lui baiser la bouche, lui prendre le bras, la bousculer…Et les fantoches disparaissent, happés par la nuit ou Ina les rejette.

Tous les amants qu'Ina a connu, l'un après l'autre, ils ont disparu sans laisser des traces. Comme nous tous, Ina Raffay est à la recherche du <u>bonheur</u>. Toujours il lui glisse entre les doigts. Un sentiment passe, une aspiration louent : et il ne reste que le gout de cendres chaudes du gâteau que la cuisinière a brulé et dont nous attendions une joie gourmande. Le bonheur se présente et fuit; après tout c'est peut-être un bonheur que de le voir sans cesse montrer sa silhouette, tendre les bras, tendre les bras…jusqu'à la tombe.

La danseuse Ina est dominée par le désir. Elle poursuit cette paix inconnue qui lui est refusée dans un métier que les lois du genre obligent à montrer troubles et nerveux. Paix de sens, paix de l'âme, ce calme et cette tranquillité plane, ce qui est, dit-on l'apanage des médiocres.

Ina voudrait que l'art au moins lui donnât cette plénitude : jamais, jamais…La danse ne la veut pas. En perpétuel déséquilibre elle va d'aventure en aventure, elle tourne de ronde en ronde, elle cour, elle s'abat, elle saute, elle revient… Toute sa vie, toute son activité, sont dirigées par le désir de trouver toujours la voie de sa vraie voie. Seul, Fernand Delarès peut la lui montrer. Mais Ina l'ignore – elle ignore que c'est lui, c'est lui seulement qui peut lui donner une partie de son bonheur acquis après tant de sacrifices :

- *Tu n'as pas oublié le secret, le grand secret,* dit Fernand qui, en blouse blanche de médecin s'appuie près d'elle à la rambarde et dont le visage apaisé et éclairé par le reflet de la mer *:*

- *Quel secret Fernand?*

- *Le secret des enfants et des sages : s'évader de soi dans l'infini.*

- *Je ne suis ni enfant, ni sage, mais enfermée en moi-même je cherche toujours. Je me représente toujours la vie comme une maison à cent portes donnant sur l'infini, je les ouvre les unes après les autres, et ce n'est jamais la bonne.*

- Cœur inquiet, cœur inquiet, tu ne connais donc pas le mot de la Bible : …et ils se font beaucoup de tourments inutiles.

- Bien de tourments inutiles, Fernand, c'est cela, travail, art, danse, ambition, amour, passion…beaucoup de tourments inutiles. Je voudrais faire ce qui est important et je fais ce qui est insignifiant. Mais qu'est ce qui est important?

- …Rien petite sœur, rien n'est important et tout l'est. Naitre, mourir, renaitre, voilà ce qui pour nous a de l'importance…pour l'éternité cela n'a aucune…Rien ne serait troubler la sérénité éternelle.

- Qu'est-ce qui est bon pour moi? Pour mon éternité à moi? Faut-il que tout me coule entre les doigts, comme du sable? N'y a-t-il rien qui puisse me remplir les mains et le cœur? Suivons-nous donc tous la même voix que nous sommes si traqués, incapables de trouver le bonheur et le repos; ne sais-tu pas que nous souffrons du vide comme d'une maladie? Je voudrais être heureuse une fois, heureuse au plus profond de mon être, rien qu'un instant. As-tu déjà été heureux, Fernand?

- Je suis un chemin et toi l'autre. J'ai achevé ce qui m'était personnel et je vie en dehors de moi. Toi tu cherches ce qui t'est personnel et tu vis en toi-même. Nous nous rencontrons au but.

- À quel but?

- Dans le grand repos, chère âme sœur!

Les nuits de Bombay

(Par Louis de Bromfield)

Un livre magnifique, évoquant l'atmosphère mystérieuse et lourde de l'Inde moderne. L'auteur décrit surtout la vie des européens, des blancs en général, des colons de l'Inde et des voyageurs qui viennent, qui passent et puis qui s'en vont vers d'autres aventures.

Le sujet est à peu près celui-ci :

Le fils d'un millionnaire d'Amérique se rend à Bombay au bord d'un transatlantique pour régler les affaires de son père. Ensuite il doit rentrer – mais avant, au bord du navire, il fait la connaissance d'une vieille femme très riche appelée 'Baronne Stéphanie' et d'une autre mégère, Mrs. Troloppe, sœur d'une maharannée de Bombay.

Arrivé à Bombay il rencontre son ex-femme, Carol Halma, qui, avant le mariage avec Bill (William Mainwright) était music-hall girl. Aussi, il rencontre son ancien ami Buck Menill, devenu missionnaire dans les villages de la jungle. L'histoire palpite autour de ces trois personnages et aboutit à une fin heureuse : Carol Halma devient Mrs. Merill.

Le caractère le mieux décrit par l'auteur, est celui de Carol Halma, fille des premiers Suédois du Minesota, devenue music-hall girl et presque une demi-mondaine, aventurière dans tous les pays de l'Asie et d'Amérique. Carol Halma, qui au dernier instant est capable d'une passion profonde, d'un dévouement sans bornes, d'une tendresse presque enfantine. Carol Halma est le personnage le plus sympathique de Bromfield dans son livre.

Le deuxième, c'est Buck et sur le même plan le gaillard de Bill.

Autres personnages :

- Le docteur Nesté, symbole de l'indien évolué, l'homme d'esprit qui a dépassé de beaucoup les limites moyennes et sa femme Indira;

- Oiseau du mal, Mississ Troloppe, espèce d'aventurière et de Juif errant, sans but ni idéal, sans amis, sans foyer et dans Dieu;

- Baronne Stéphani, la femme sans scrupules patronne de plusieurs boites de nuit à Budapest, Vienne, Paris, Marseille et en Italie;

- Le Maharadjah de Yeleapore, tout à fait européanisé, une ivrogne dissipé mais assez intelligent et sympathique;

- Krishna, symbolisant le dévouement et l'adoration des serviteurs Hindous pour leur maitre;

- Protlivala, le plus scabreux personnage, le gouverneur anglais.

Écrit d'un style vif, intéressant à la fois, Louis Bromfield réussit à nous détacher pour quelques moment à la quotidienne et à nous faire vivre l'histoire peut-être vraie des personnages de ses 'Nuits de Bombay'.

☰

Les grands initiés

(Esquisse de l'histoire secrète des religions - Frédéric Schuré)

La première édition de ce livre remonte vers 1889. Il ferra être accueillie alors par le silence glacial de la presse. Cependant, au bout de peu de temps, les éditions subséquentes, se multiplient et allaires en croissant d'année en année. Les idées avaient parues d'abord surprenantes à la majorité des lecteurs. Elles excités également la défiance de l'université et de l'Église. La froideur et le mépris que lui témoignaient chez nous les juges les plus autorisés n'empêchaient pas son succès Européen (Edmond Schuré).

D'une façon étrange et originale, le livre de Frédéric Schuré cherche à découvrir sous le voile épais des mystères séculaires, la doctrine des différentes religions de l'humanité, et de là, il s'efforce de découvrir la vérité, une vérité pure, générale et permanente qui conduit l'Univers sur le chemin de l'évolution, vers un but unique et final, vers la Divinité.

« Si l'on regarde l'histoire des religions avec des yeux désolées par cette vérité centrale que l'initiation seule peut donner, on demeure à la fois surpris et émerveillé. Ce qu'on aperçoit alors ne ressemble guère à ce qu'enseigne l'Église sur la révélation du Christianisme »

Mais, si l'on regarde la question au point de vue ésotérique voilà ce qu'on aperçoit :

« Toute les grandes religions sont une histoire extérieure et une histoire intérieure, l'une apparente, l'autre cachée. Par l'histoire extérieure on entend les dogmes et les mystères enseignés publiquement dans les temples et les écoles, reconnus dans le culte et les superstitions populaires. Par l'histoire intérieure on entend la science profonde, la doctrine secrète, l'action occulte des initiés, prophètes ou réformateurs qui ont créé, soutenu, propagé ces mêmes religions. Elle se passe au fond des temples, dans les confréries secrètes et ses drames les plus saisissantes se déroulent tout entier dans les âmes des grandes prophètes, qui n'ont confié à aucun parchemin ni è aucun disciple leurs crises suprêmes, leurs extases divines »...

« On pourrait appeler l'histoire de la religion comme éternelle et universelle. En elle se montre le dessous des choses, l'endroit de la conscience humaine, dont l'histoire n'offre que l'envers extérieure. Nous y trouvons la cause, l'origine et la fin du prodigieux travail des siècles »

La philosophie antique proférée en Inde, en Égypte et en Grèce, constitue une encyclopédie véritable, divisée généralement en plusieurs catégories :

Théogonie : Science des principes absolus ou mathématiques sacrées.
Cosmogonie : Réalisation des principes éternels dans l'espace et le temps, ou involution de l'esprit dans la matiere; ou une période du monde.
Psychologie : Évolution de l'âme à travers la chaine des existences.
Physique : Sciences des règnes de la nature physique terrestre et ses propriétés.
Médecine : Fondée sur la connaissance des propriétés occultes des minéraux, des plantes et des animaux.
Alchimie : Transmutation des métaux, désintégration et réintégration de la matière par l'agent universel.
Arts psycherurgiques : Magie et divination.
Généthliaque céleste : Art de découvrir le rapport entre les destinées des peuples ou des individus et les mouvements des astres de l'univers.
Théurgie : Art suprême du mage, aussi rare que périlleux et difficile, celui de mettre l'âme en rapport conscient avec les divers ordres d'esprit et d'agir sur eux.

« L'Esprit est la seul réalité. La matière n'est que son expression inférieure, changeante, éphémère, son dynamisme dans l'espace et le temps. La Création est éternelle et continue comme la vie. Le microcosme – homme est par sa constitution ternaire : esprit, âme, corps; pendant que la notion du macrocosme - universel est : divinité, humanité et naturel; qui est par lui-même l'organe du Dieu ineffable, de l'Esprit absolu. Lequel est par sa nature : Esprit, Père, Mère et Fils (essence, substance et vie). Voilà pourquoi l'homme, l'image de Dieu, peut devenir son verbe vivant »

En réalité, dans ce passage l'auteur résume toute la Philosophie qu'il va développer, traiter et finir dans ce livre. C'est la substance même de toutes les religions et la doctrine des grands initiés. Il cherche enfin à approcher les sciences modernes des vieilles confréries sur la terre et le monde. Pour continuer avec les citâtes :

« Sans abandonner l'hypothèse des atomes la physique moderne en est arrivée insensiblement à identifier l'idée de matière à l'idée de force, ce qui est pas vers le dynamisme spiritualiste. Pour expliquer la lumière, le magnétisme, l'électricité, les savants ont dû admettre une matière subtile et absolument impondérable, remplissant l'espace et pénétrant tous les corps, matière qu'ils ont appelé éther, qui prouve l'antique idée de théosophique de l'âme du monde… »

« Enfin l'Homme, qui résume et couronne toute la série des êtres, révèle toute la pensée divine par l'harmonie des organes et la perfection de la forme, effigie vivante de l'âme universel, de l'intelligence active. Condensant toutes les lois de l'évolution et toute la nature dans son corps, il la domine et s'élevé au-dessus d'elle, pour entrer dans la conscience et par la liberté dans le royaume infini de l'Esprit »

Frédéric Aniel, philosophe hégélien, exprima d'une façon saisissante l'essence même de la vérité ésotérique :

« Chaque sphère de l'être, dit-il, tend à une sphère plus élevée et en a déjà des révélations et des pressentiments. L'Idéal, sous toutes ses formes, est l'anticipation, la vision prophétique de cette existence supérieure à la sienne, à laquelle chaque être aspire toujours. Cette existence supérieure en dignité est intérieure par sa nature, c'est-à-dire plus spirituelle. Comme les volcans nous apportent les secrets de l'intérieur du globe, l'enthousiasme, l'extase, sont les explosions passagères de ce monde intérieur de l'âme, et la vie humaine n'est que la préparation et l'avènement à cette vie spirituelle.

Les degrés de l'initiation sont innombrables. Ainsi, veille, disciple de la vie, chrysalide d'un ange, travaille à ton éclosion future, car l'Odyssée divine n'est qu'une série de métamorphoses, de plus en plus éthérées, ou chaque forme, résultat des précédentes est la condition de celles qui suivent. La vie divine est une série de morts successives ou l'esprit rejette ses imperfections et ses symboles et cède à l'attraction croissante du centre de gravité ineffable, du soleil de l'intelligence et de l'amour »

Rama

L'histoire de Ram, devenu plus tard le légendaire Rama, remonte vers quatre, cinq mille ans avant notre ère et coïncide avec le temps ou la race blanche, la dernière venue, naissait à peine dans les forêts de l'Europe, entre les tempêtes de l'Atlantique et les sourires de la Méditerranée.

« Les quatre races qui se partagent actuellement le globe sont filles de terres et de zones différente. À travers des millions d'années chaque continent a enfanté sa flore et sa faune, couronnées par une race humaine de couleur différente »

Chacune se disputaient la domination du monde et la domination était à celles qui étaient plus fortes, plus avancées, plus organisées.

Ainsi, la première ce fut la race rouge, qui habitait le continent austral (d'après Platon c'était l'ancienne Atlantide, lui-même s'étant guidé d'après les traditions égyptiennes). Les restes qui survécurent au cataclysme furent les aztèques, les indiens de l'Amérique de Nord et quelques races polynésiennes.

Après la race rouge ce fut la race noire qui domina sur le globe. Le type supérieur ne se trouve point dans le type noir d'aujourd'hui, mais dans l'Abyssinien et le Nubien qui en conservent encore la moule de cette race, alors parvenue à son apogée. Eux envahissent le Sud de l'Europe mais furent repoussés peu après par les blancs. Le souvenir des envahisseurs a laissé deux empreintes ineffaçables : l'horreur du dragon qui fut l'emblème de leurs rois, et l'idée que le diable est noir. Leur organisation sociale consistaient en une théocratie absolue : au sommet des prêtres redoutés comme des Dieux; en bas, des tribus grouillantes, sans familles reconnues, et les femmes esclaves. Chez cette race puissante par la résistance physique, l'énergie passionnelle et la capacité d'attachement, la religion fut dans le règne de la force, par la terreur.

Mais si le soleil de l'Afrique a couvé la race noire, on disait que les glaces du pole arctique on donne l'éclosion de la race blanche. Ce sont les Hyperboréens dont parle la mythologie grecque. Ces hommes aux cheveux roux, aux yeux bleus, vinrent du nord à travers les forêts éclairés de lueurs boréales, accompagnés par des chiens et de rennes, commandés par des chefs téméraires et poussés par des femmes voyantes. Crins d'or et yeux d'azur : couleurs prédestinées. Cette race devait inventer le culte du soleil et du feu sacré et apporter dans ce monde la nostalgie du ciel. Tantôt elle va se révolter lui jusqu'à vouloir l'escalader, tantôt elle se prosterna devant ses splendeurs dans une adoration absolue.

La race blanche a pour signes distinctifs le gout de la liberté individuelle, la sensibilité réfléchie qui crée le pouvoir de la sympathie et la pré-domination de l'intellect qui donne à l'imagination un tour idéaliste et symbolique. La sensibilité animique amena l'attachement, la préférence de l'homme pour une seule femme; de là la tendance de cette race à la monogamie, le principe conjugal et la famille. L'imagination idéale créa le culte des ancêtres qui forme la racine et le centre de la religion chez ces peuples.

Le principe social et politique se manifesta le jour ou un certain nombre d'hommes à demi-sauvages, pressés par une peuplade ennemie, s'assemblent d'instinct et choisissent le plus fort et le plus intelligent d'entre eux pour les défendre et les commander. Les vieillards délibérants mais incapable de marcher, forment déjà une espèce de Sénat ou assembles des anciens. Mais comment est née la religion?

On dit que c'était la crainte de l'homme primitif devant la nature. Mais la crainte n'a rien de commun avec le respect et l'amour. Tant que l'homme trembla encore devant la nature, il ne fut pas l'homme encore. Il le devint le jour où il saisit le lien qui le rattachait au passé et à l'avenir, à quelque chose de supérieur et de bienfaisant, et on adora ce mystérieux inconnu. Mais comment l'adora-t-il pour la première fois?

L'hypothèse de Fabre d'Olivet : Chez les peuples barbares c'est la femme qui, par sa subtilité nerveuse, presse d'abord l'occulte et affirme l'invisible. Ce sont les prophétesses célèbres autour desquelles se groupent les vieillards. La Pythonisse scandinave, la Volupsa de l'Edda, les druidesses celtiques, les femmes devineuses qui accompagnaient les armées germaniques et décidaient du jour de bataille, les Bacchantes thraces se continuant dans la Pythie de Delphes.

La lutte entre la race noire et la race blanche oscilla pendent de nombreuses années, des siècles. Les blancs apprirent des noirs la fonte des métaux et l'écriture sacrée. Le mélange de deux races s'opéra de deux manières différentes :
Là, où les Blancs se seraient soumis aux peuples noirs, en acceptant leur domination, là se seraient formés les peuples

sémitiques, tels que les Égyptiens d'avant Ménès, les Arabes, les Phéniciens, les Chaldéens, les Juifs. Là, où les Blancs auraient régné sur le Noirs par la domination ou par la guerre, comme les Perses, les Grecques, les Étrusques, se seraient formé les civilisations aryennes. D'après Fabre d'Olivet, en antiquité et depuis l'apparition de ces deux races, deux principes différents les conduit :

<u>Sémites</u>
Tendance au monothéisme, le principe du Dieu absolu caché et sans formes.
Le génie sémitique descend de Dieu à l'homme. L'archange justifier qui descend sur la terre armé d'un glaive et de la foudre.
L'écriture : les prêtres se dirigeaient, la face contre le Sud et écrivaient vers l'Orient, source de soleil et de la lumière.
Les Sémites trouvèrent Dieu, le Dieu unique, l'Esprit Universel, dans le désert, au sommet de leurs montagnes, dans l'immensité des espaces stellaires.

<u>Aryens</u>
Tendance au polythéisme, à la mythologie, à la personnification de la divinité, ce qui provient de leur amour pour la nature et le culte pour les ancêtres.
L'écriture : les prêtres se dirigeaient vers le Nord, vers leurs forêts et leurs glaciers, et écrivaient toujours vers l'Orient, source du soleil et de la lumière, d'où les caractères de gauche à droite.
Les Scythes et le Celtes trouvèrent les Dieux, les esprits multiples, dans leurs bois, au fond des forêts. Là ils entendirent des voix, là ils eurent les premiers frissons de l'invisible. C'est pourquoi, la forêt ravissante ou terrible est restée chère à la race blanche. Attirée par la musique des feuilles et la magie lunaire, elle revient toujours dans le cours des âges comme au temple de la grande mère Herta.
Là dorment ses Dieux, ses amours, ses mystères perdus.

Rama déplaça les Blancs du centre de l'Europe vers l'Asie. La formidable émigration, dirigée par ce grand pasteur de l'humanité, s'ébranla lentement et se dirigea vers le centre de l'Asie. Le long du Caucase elle eut à prendre plusieurs forteresses des Noirs. Rama fut le père du blé et de la vigne. Il défendit l'esclavage, Rama fit de la femme la maitresse des forges, gardienne du feu sacré, l'égale de l'époux, invoquant avec lui l'âme des ancêtres.

Il ordonna quatre fêtes de l'année :

- Printemps (amour de l'époux et de l'épouse)
- Été (fils et filles)
- Automne (pères et mères)
- Hiver (enfants nouveau-nés, fruits de l'amour conçus en printemps).

☰

Maximes et conseils pour réussir

Chapitre I

Dale Carnegie nous apprend 'Comment se faire des amis' et plus encore…pour réussir dans la vie :

- Si vous voulez récolter du miel, ne bousculez pas en ruche.
- La critique est inutile : On a assez du mal à corriger ses propres défauts sans se tourmenter parce que les hommes sont imparfaits et parce que Dieu n'a pas jugé bon de distribuer également à tous le don de l'intelligence.
- La critique est vaine : parce que elle met l'individu sur la défensive et le pousser à se justifier.
- La critique est dangereuse : parce ce que elle blesse l'amour propre et qu'elle provoque la rancune.
- La critique est une étincelle dangereuse qui peut causer une explosion dans la poudrière de la vanité.

Lincoln dixit : Ne juge point si tu ne veux pas être jugé; ne blâme pas tes camarades, ton prochain, dans les mêmes circonstances nous aurions agir exactement comme lui; les reproches et les accusations sévères demeurent espoirs vaines.

Confucius dixit : Ne te plains pas de la neige qui existe sur le toit du voisin quand tond ton toit est malpropre.

Benjamin Franklin : Je ne veux critiquer personne…je veux dire tout le bien que je sais de chacun; pas de critiquer, de condamner, de se plaindre.

Th. Carlyle : Un grand homme montre sa grandeur dans la manière dont il traite les petits gens.

Dr. Johnson : Tout savoir c'est tout pardonner; Dieu-même, monsieur, ne veut pas juger l'homme jusqu'à la fin de ses jours; pourquoi donc serions-nous plus exigeants que Dieu?

John Dewey, philosophe : Le mobile le plus puissant de la nature humaine c'est le désir d'être important.

Ce qu'on peut penser : Quand vous vous adressez a un homme, rappelez-vous que vous ne parlez point a un être logique, vous parlez a parlez a une créature tout hérissée par de préventions, par l'orgueil et par l'amour propre. Mais il faut de la noblesse, de la maitrise de soi pour comprendre et pardonner.

Il n'y a dans ce monde qu'un moyen de mener une personne à faire une certaine action : c'est de susciter en elle le désir d'accomplir cette action.

Au lieu de condamner les gens, essayons de les comprendre; essayons de découvrir le mobile de leurs actions, voilà qui est beaucoup plus profitable et plus agréable que de critiquer, voilà qui nous rend tolérants, compréhensifs et bons.

Voici les choses que nous reclamons inlassablement :

- La santé et la conservation de la vie
- La nourriture
- Le sommeil
- L'argent et les biens qu'il procure
- La satisfaction sexuelle
- Le bonheur de nos enfants
- Le sentiment de notre importance, aussi impérieux peut-être que la faim, voir :

  - Freud : L'homme désire d'être grand
  - Lincoln : Le monde aime les compliments

Chapitre II

Tout le monde aime les compliments :

Nous aimons tous les compliments. Nous voulons qu'on nous rend justice qu'on nous apprécie...Nous avons soif d'éloges sincères...Hélas! Va attendre qu'on nous accorde cela! Si nos ancêtres n'auraient pas eu eux ce désir d'être grands, la civilisation n'aurait pas existé, car sans eux nous serions demeurés semblables à des bêtes!

Certains psychiatres assurent que des gens deviennent fous pour trouver dans le monde imaginaire de la démence, le sentiment d'importance que la réalité leur a refusé.

Rien ne tue d'avantage l'ambition d'un homme que les critiques des professeurs, de ses supérieurs. « Je ne réprimande jamais personne (dit Carnegie), je sais qu'il vaut mieux stimuler, donner un outil, un idéal à atteindre, que de les gronder, les humilier. Si je trouve une chose bien faite, j'approuve sincèrement et je prodigue les compliments »

« Mais nous? Nous faisons toujours le contraire. Quand une chose est bien faite, nous ne disons mot et quand elle nous déplait nous crions et nous tempêtons »

Seulement, une flatterie grossière ne trompera pas les êtres fins. Elle est genre fausse et intéressée. Il est normal qu'elle soit repoussée et elle est généralement. Pourtant il faut reconnaitre que certaines personnes sont si avides d'éloges qu'elles goberont n'importe quoi, comme le malheureux affamé qui dévore l'herbe séché et les vers de terre.

Au lieu de nous concentrer sur nous-mêmes, efforçons nous d'apercevoir les qualités de notre interlocuteur. Nous pourrons alors exprimer notre admiration sincère sans avoir recours à des compliments si grossiers et si faux qu'ils sont démasqués avant même d'avoir pu franchir nos lèvres.

« Tout homme que je rencontre m'est supérieur en quelque manière – c'est pourquoi je m'instruis auprès de lui (Emerson) »

Que l'éloge généreux et sincère de notre cœur et nos paroles resteront dans les cœurs et claires comme autant de trésors, longtemps après que nous les aurons nous-mêmes observés.

Chapitre III

« Le seul moyen d'influencer un homme c'est de s'intéresser à ce qu'il aime, à ce qu'il désire » Un philosophe disait : « Manifester la personnalité c'est pour l'homme une nécessité dominante »

Mais! Vous voulez gagner les sympathies? Soyez aimable, oubliez-vous... Pensez aux autres...!

« Vous vous faisiez plus d'amis en deux mois en vous intéressant sincèrement aux autres que vous ne pouviez en conquérir en deux ans en vous efforçant d'amener les autres à s'intéresser à vous »
Les gens ne songent pas à vous – ils ne songent pas à moi - ni même à Dieu. Ils songent à eux-mêmes. Ils en pensent le matin, à midi, le soir.

Si nous efforçons seulement d'impressionner les semblables, d'attirer leur attention sur nous-mêmes, nous n'aurons jamais beaucoup d'amis sincères. Les amis, les vrais amis, ne se gagnent pas ainsi.

« L'individu qui ne s'intéresse pas à ses semblables est celui qui rencontre le plus de difficultés dans l'existence – et ce qui est le plus nuisible à la société. C'est pourquoi de tels êtres, qu'on trouve dans le plus grand nombre (Alfred Adler) »

Chapitre IV
Comment faire bonne impression

« L'expression qu'une personne porte sur sa figure a beaucoup plus d'importance que les vêtements qu'elle porte sur le dos »

Il faut que nous nous plaisions dans la société de nos semblables si nous voulons qu'ils se plaisent dans la vôtre. Pendant une semaine et à chacue heure du jour souriez à quelqu'un de votre entourage, dans votre affaire, sur votre route et puis voyez les résultats de votre attitude.

« Je ne critique plus personne, au lieu de blâmer j'encourage et je loue, je n'entretiens plus les autres de mes occupations. J'essaye plutôt de comprendre les leurs. Cette tactique a fait de moi un autre homme, heureux, bienfaisant, entouré de sympathies. Existe-t-il une meilleure récompense? »
« Vous n'avez pas l'envie de sourire? Et bien, forcez-vous à sourire. Si vous êtes seul, fredonnez, chantez. Agissez comme si vous étiez déjà vraiment heureux et cela vous rendra heureux »

« L'action semble succéder à la pensée, mais, en réalité, l'action et la pensée se produisent simultanément. En réglant l'action qui est sous le contrôle de la volonté, nous pouvions indirectement gouverner les sentiments qui échappent à son influence.» (Professeur William James de Harvard)

« Rien n'est mauvais, rien n'est bon. C'est notre pensée qui crée le bonheur ou le malheur. » (W. Shakespeare)

« En sortant de votre maison rentrez le menton, portez haut la tête, emplissez vos poumons de tout l'air qu'ils peuvent contenir, aspirez les rayons du soleil, offrez à tous votre sourire et mettez tout votre cœur en chaque poignée de main. Ne perdez pas une minute à songer à vos ennemis. Efforcez-vous de déterminer clairement dans votre pensée le but que vous voulez atteindre, puis, sans vous laissé détourné, marchez droit vers cet idéal. Je vous souhaite de créer en vous-même l'image de l'homme capable, loyale et utile que voulez devenir, pour que graduellement s'opère en vous la transformation souhaitée »

Le désir fait venir toutes les choses, nous devenons pareils à l'idéal que nous portons eu notre cœur...Levez la tête! Un sourire ne coute rien mais il crée beaucoup. Il ne dure qu'un instant mais le souvenir en persiste toute une vie. On ne peut l'acheter, le mendier, l'emprunter ou le voler. Mais il ne sert absolument à rien tant qu'il n'a pas été donné.
Nul n'a plus besoin de sourire que celui qui n'a plus à offrir. Si vous voulez qu'on vous aime, ayez le sourire.

Souvenez-vous que le nom d'un homme est pour lui le mot le plus agréable et le plus important de tout le vocabulaire.

Chapitre V

Si vous voulez savoir ce qu'il faut faire quand les gens se moquent de vous derrière votre dos ou même vous méprisent, voilà la recette :

« N'écoutez jamais ce que disent les autres. Parlez constamment de vous-même. S'il vous vient une idée pendant que l'autre parle, n'attendez pas qu'il eut fini – à quoi bon! Ce qu'il dit n'est pas aussi intéressant, aussi brillant que ce que vous avez à dire. Pourquoi perdre votre temps à écouter ce bavardage? Connaissez-vous des gens qui agissent ainsi? Moi, j'en connais malheureusement. Des êtres assommants, pleins d'eux-mêmes, ivres de leur propre importance! »

« Rappelez-vous que la personne avec qui vous conversez s'intéresse mille fois à ses désirs et à ses problèmes qu'à vous et à vos préoccupations »

Si vous voulez plaire : « Sachez écouter attentivement, encouragez les autres à écouter, ou bien à parler d'eux-mêmes ».

Chapitre VI

« Pour trouver le chemin d'un cœur humain il faut s'entretenir de ce qu'il chérit le plus »

« Si nous sommes si bassement égoïstes que nous ne puissions dispenser un peu de bonheur autour de nous, ni faire un compliment sans espérer tenir quelque chose d'autrui en retour, si nos cœurs sont comme l'aigle sauvage, alors nous ne manquerons d'essuyer l'échec que nous méritons si bien »

« Agir envers les autres comme tu voudrais, attendez-vous qu'ils agissent pareillement vis-à-vis de toi »

« Les nations ne sont pas différentes des individus! » Chaque nation se croit supérieure aux autres nations. Telle est l'origine du patriotisme et des guerres.

Et pourtant Shakespeare disait : « Homme, o vain homme! Drapé d'un peu d'autorité tu viens devant les Cieux avec si grotesques comédies que ferais pleurer les anges »

« Parler à un homme de lui-même et il vous écoutera pendant des heures » Si vous tenez à gagner la sympathie des gens : Faites-leur sentir leur importance.

Autres citâtes et témoignages

Bouddha dit : « Ce n'est jamais la haine qui met fin à la haine. C'est l'amour... »

Un malentendu n'est pas dissipé par une discussion, mai par le tact, la diplomatie, l'esprit de conciliation et par le désir généreux de se mettre à la place e son adversaire.
« L'homme qui veut se perfectionner et s'élever n'a pas de temps à perdre en querelles personnelles. Celles-ci aigrissent et lui font perdre la maitrise de soi-même. Ne craigniez pas de faire quelques concessions. Mieux vaut abandonner le chemin à un chien que d'être mordu par lui en lui disputant le passage. Car même en tuant le chien vous ne guérissez pas la morsure »

« Enseignez sans paraitre enseigner »

Lord Chesterfield disait à son fils : « Soit plus sage que les autres si tu peux mais leur ne fait point sentir »

Socrate disait à ses disciples d'Athènes : « Je sais que je ne sais rien ».

« Bien rares sont les gens dont le jugement est parfaitement sain, objectif, lucide. La plupart d'entre nous sont pleines de préventions et de partialité. Notre raison est observée par la jalousie, le soupçon, l'envie, la vérité. Et puis la masse des gens ne changeront pas leur opinion en ce qui concerne leurs croyances, la marque de leur voiture.

« L'adjectif possessif 'mon' et 'ma' est pour un homme le plus important de tous les mots et tenir compte de cela c'est le commencement de la sagesse »

« Quand nous avons tort nous vous l'avançons à vous-même, nous le confessons aussitôt à d'autres s'ils savent nous prendre avec toute la douceur et la diplomatie voulue et nous

nous enorgueillissons même de notre franchise et notre courage » Mais : les sarcasmes et les insultes n'ont jamais convaincu personne.

Si vous voulez gagner les gens pour votre cause, observez cela : « Respecter les opinions de votre interlocuteur, ne lui dire jamais qu'il a tort. Quand vous avez tort, reconnaissez-le. Quand nous savons que nous méritons une punition ne soit-il mieux la prendre courageusement et faire notre 'mea culpa'. Le blâme que nous nous infligeons à nous-mêmes n'est-il pas plus doux que l'accusation laissée par une bouche étrangère? »

Quand nous sommes surs d'avoir raison efforçons nous avec tact et douceur de partager aux autres notre opinion – mais quand nous sommes dans le tort, si nous avons la franchise de l'admettre reconnaissons notre erreur de bon cœur.

« Si un homme n'a pour vous que haine et ressentiment, vous ne l'amènerez jamais, même avec tous les raisonnements du monde, à efforcer votre point de vue. Les parents grondeurs et les époux autoritaires, les femmes querelleuses devraient comprendre que les gens détestent modifier leurs opinions. Nous ne les obligeons jamais par la force à partager notre avis. Pour cela comptons surtout sur la douceur et l'amitié, sur beaucoup de douceur et d'amitié ».

Si vous voulez gagner un homme à votre cause persuadez-le d'abord que vous êtes son ami sincère. « C'est par le cœur qu'on parvient à l'esprit » Ou bien : « Prenez l'homme par la douceur »

<u>Le secret de Socrate</u> :
« Quand vous voulez convaincre votre auditeur, à éviter dès le début de la conversation de soulever les questions sous lesquelles vous et lui ne vous entendez pas »

« Quand une personne dit 'non' sincèrement, avec conviction, elle fait plus qu'articuler un mot de trois lettres. Tout son organisme, ses glandes, ses nerfs, ses muscles se contractent en une attitude de défi, de refus. On observe à un degré généralement faible, mais parfois perceptible, un sort de rétraction physique. Tout l'être est sur la défensive, tout le système neuromusculaire se met en garde contre le consentement »

Socrate accompli ce que bien d'hommes ont réalisé à travers les âges. Quelle est sa méthode? Disait-t-il à son voisin qu'il avait tort? Oh non! Pas lui! Il était trop adroit pour cela. Toute sa technique, maintenant appelée 'Méthode Socratique' consistait à poser des questions auxquelles son adversaire ne pourrait que répondre affirmativement. Et ainsi, de questions irrésistibles en réponses affirmatives, il entrainait son adversaire vers une conclusion que celui-ci ne pouvait que repousser violemment quelques instants auparavant.

Donc, si vous voulez gagner les gens à votre manière : « Amenez-les à dire 'oui' dès le début de l'entretien ».

La Rochefoucauld disait :
« Si vous voulez faire des ennemies, surpassez vos amis, mais si vous voulez faire des alliés, laissez vos amis vous surpasser »

En effet, lorsqu'ils vous dominent, nos amis affirment leur importance, dans le cas contraire, ils sentent bien leur infériorité et cela suscite leur envie et leur jalousie.

Un proverbe allemand :
« La joie la plus pure est le plaisir malicieux que nous éprouvons en voyant l'infortune de ceux que nous avons enviés »

Oui, il est certain que bien de nos amis se réjouissent davantage de nos ennuis que de nos joies. Aussi ne parlons pas de nos succès, soyons discrets. Soyons modestes car nous ne sommes que des pauvres humaines. Dans cent ans nous serons disparus, vous et moi et nous serons complètement oubliés. La vie est courte.

Il y a mieux à faire que d'ennuyer ceux que nous entourent avec le récit de nos triomphes et nos succès. En effet, en y réfléchissant bien, nous n'avons point de quoi être si fiers. Savez-vous ce que nous sépare de l'imbécilité? Peu de choses...Il y a une faible quantité d'iode dans notre glande thyroïde. Si un médecin ouvrait cette glande et retirait l'iode, vous deviendrez un 'minus habens'.

Si vous voulez gagner votre interlocuteur : « Laissez-le parler tout à son aise! »

Diverses sur la vie

Leon Blum, dans son livre sur le mariage :
C'est un livre écrit par un homme auquel le courage de ses opinions ne manque pas. Un livre écrit pour tous les sexes, mais pas pour tout le monde. Un livre auquel il faut attacher plus d'importance qu'il ne semble susciter. Un livre qui semble révolutionnaire, tous les préjugés, tous les mystères des anciennes conceptions.

Extrait page 25 : « ...Qu'avant le mariage la femme dépense donc tout ce qu'il y a d'ardent dans son instinct, tout ce qu'il y a de mobile dans son caprice; qu'elle épuise, par un nombre indéterminé d'aventures et peut-être par une seule, qu'elle use son inquiétude sentimentale, ...qu'elle consomme ce moment de la vie, car sa vie parait la plus précieuse et la plus courte, ou toute l'heure qui n'est pas donnée à des sensations puissantes, parait une heure anticipée à la mort, ou l'imagination ajoute tant de force à l'élan des sens...Et puis par la révolution fatale des choses fera venir l'âge qui fait changer de plans, que par un grandissement et le glissement gradué, les sentiments, les actes, les mots échangent leur valeur réciproque. Quand on l'atteint, la maturité matrimoniale est accomplie... »

« ...Plus sensuelle et plus passionnée que l'homme, la femme n'est pas moins téméraire que celui-ci, qu'elle se marie avant d'être décidée. Dès que l'on a conçu le mariage comme un état solide et durable, il apparait donc nécessaire que la femme elle aussi a mené sa 'vie de garçon' sa vie de passions et d'aventures. Puis le jour viendra où elle se sentira fatiguée des agitations et des changements ou un besoin de stabilité et de paix, d'abord confus et rejeté se fortifiera de chaque émotion nouvelle... »

« ...Le Professeur Meschnikoff conclue que, par notre faute, nous mourons trop tôt et avant le temps ou la mort nous semblerait bonne et souhaitable. Nous mourons avant d'avoir épuisé le gout et l'amour de vivre. Mais en reculant le terme trop court de sa durée, l'homme atteindrait le temps où il se sentirait rassasié de la vie et plein de jours. Dans une société bien administrée, bien alimentée surtout, on ne mourait pas avant ce temps-là. C'est de la même façon que j'explique et que je prétends deviner la désharmonie du mariage. Il est un mal quand il nous frappe avant le terme, en attendant qu'il apparaisse comme un repos salutaire à l'homme plein de son ardeur, à la femme rassasiée de passions… »

Voici ce que Balzac raconte dans sa 'Philosophie du mariage' : « Un singe un jour s'empara d'un violon. Il l'empoigna, l'agita par des mouvements rapides, le plaça sous le menton, pinça les cordes, les heurta violement de l'archet et, ne pouvant finalement réussir à en tirer des sons qui le satisfassent, il saisit l'instrument et le brisa. »
Le singe Cassau est pour Balzac le symbole des niais.

Mais…on ne joue pas de violon sans l'avoir appris; personne ne prétend tirer un son harmonieux de l'instrument par le seul hasard de ses mouvements.
Alors, qu'on ne prétend plus tirer du plaisir d'une femme neuve, sans avoir appris à la jouer.

« …Si l'amour tenait dans un acte insipide et plat, il n'aurait pas façonné le monde, il ne mènerait pas tous les désirs de l'homme, toutes les actions des hommes, il ne serait pas le moteur de la vie, l'élément inspirateur de l'art… »

« …Vous m'avez mal compris si vous vous imaginez les mariages que je prétends construire comme l'hospice des résignés, ou come l'hôpital des esclaffées de l'amour. Il ne vous offre pas un asile du pis-aller, une retraite, un cloitre laïc. Je ne vous dis pas : 'Vous avez assez vécu, la mesure du bonheur que vous pouvez gouter est comble, mettez donc un intervalle entre la vie et la mort' Je vous dis :'Entrez dans ma maison…vous y restez mieux que dans la vôtre, mieux peut-être que dans celle que vous venez de quitter. Vous-y trouverez en tout cas le mode d'existence qui convient à la période où vous entrez dans votre vie – ou peut-être heureuse sans passion...quand l'instinct polygamique est épuisé, la jeunesse du cœur et de la raison peut durer encore. Le mariage pour moi, est le sommeil après l'amour, est l'immuabilité après la vie. Il est une nouvelle façon de vivre, une seconde façon d'aimer'... »

« ...La coquetterie consiste essentiellement à mettre en lumière, par conséquent à expliquer, quelquefois même à affecter le cœur ou l'esprit par les moyens desquels on croit plaire, et à dissimuler le reste. Elle est un manque de sincérité conscient ou involontaire. Le mal ne serait pas grand si l'effort que le mensonge implique pouvait être prolongé la vie entière. Mais, dès le but atteint, la preuve qu'on tient soit certaine, l'effort se détend et retombe, la nature véritable réapparait... »

« ...Plus loin les corps, plus près les âmes... » (Jean-Paul Richter)

« ...Le monde, la vie que nos mœurs imposent actuellement aux jeunes filles, n'est qu'une longue école de coquetterie. Supposez une jeune fille – plus de 20 ans - qui s'aperçoit qu'elle est aimée...Que fera-t-elle? Il y a une solution, la plus naturelle, la plus simple, mais qu'elle n'envisagera même pas...Se donner librement à l'homme qui lui plait. Cependant, elle se permettra d'aimer jusqu'au point ou le désir deviendrait plus fort que la joie; elle se retiendra d'aimer au-delà de ça. Elle montrera son amour dans la mesure où il peut fortifier l'amour de l'homme et leur procurer à tous deux la joie secrète d'un accord, elle le dissimulera dans La mesure où il peut créer un engagement, compris des droits et des exigences. Elle n'aurait pas le soupçon (et pourtant je l'ai choisi honnête), qu'il ait quelques déloyautés a laisser croitre chez l'homme des sentiments qui ne pouvions aboutir jusqu'à la souffrance ».

« ...L'homme qui l'aime est peut-être un parti avantageux est c'est déjà beaucoup, qu'un beau mariage ou l'on arrivé....Sans accepter aussitôt cette solution incomplète, il convient cependant de la ménager! »

Surtout., le sentiment d'avoir sous la main, à la portée, un homme amoureux qui les attende, donne aux filles de la confiance joyeuse et de la sécurité. L'oisiveté des filles est infinie et ce n'est pas un amusement que d'être admirée, c'est une occupation. Suivre le progrès d'un amour dont on est l'objet, on compte les risques de l'avoir relevé à des amis et amies, s'en prévaloir, quelle matière infinie aux observations, aux conversations, aux confidences !....

...Si la femme n'avait pas être trainée, de seize à vingt ou vingt-cinq ans, inavouée des sens, l'ennui de son oisiveté, la coquetterie ne viendrait plus fortifier ses sens et l'instinct...

...Quelle étrange barbarie que d'introduire à l'amour une fille jetée dans le monde et à qui tout parle d'amour. Vis-à-vis de jeunes filles le monde n'a ni précaution ni pudeur. Il semble que la virginité est comme une immunité totale, la soustraire à l'apparence même d'une tentation – qu'elle s'accommode comme elle peut de tant de suggestions provocatrices! Ce sont les livres, théâtre, la musique, les vers, ce sont les confidences des amies mariées ...

... Ainsi se développe chez ces jeunes filles l'observation fatigante des actes d'amour – aucune n'en est plus vrais à part l'ignorance. L'imagination s'attaché avec tant de persistance et de force à ces idées, qu'ensuite toute réalité paraitra sans doute décevante...

...Chez les jeunes filles, le désir ne se localise pas comme chez l'homme; c'est un état diffus qui baigne l'être, qui l'inonde. Toute sensation se prolonge, se propage par des vibrations successives jusqu'à la limite extrême de l'être – ne trouvez-vous pas étrange qu'un vers, un parfum, une phase de musique, un frôlement, un serrement de main, puissent parfois conduire les jeunes vierges jusqu'au vertige, jusqu'à la pâmoison; dans chaque émotion se porte toute une puissance de désir...

Si elles cèdent a la tentation, voilà le mariage impossible, les voilà rejetées de la société, peut-être de la famille. Les voilà dégradées même aux yeux de l'homme même, pour l'amour de qui elles auront cédé. En attendant, la vie se désole et on passe le temps à quêter le mariage qu'on espère et qui se dérobera peut-être toujours...

Une vierge très jeune s'imaginera qu'elle aime le premier homme avec qui son instinct se sera croisé – elle l'épousera s'il est possible. Mais sitôt la première exaltation retombée, voici qu'elle reste devant un individu qu'elle examine ce qu'elle ne connait pas. Elle avait cru aimer un homme mais elle n'avait fait que chercher l'homme.

Des jeunes mariées, après un court vertige de sens, s'éveillent ainsi dans un instant plein d'effroi, tout leur était inconnu et quelquefois leur était hostile. Elle ne le reconnaissait plus, elles ne se reconnaissaient plus elles-mêmes.

« Les femmes, sont en général des êtres sans forte morale, je passe quelques autres épithètes moins obligeantes » (Tolstoï)

Ce n'est donc pas pour l'avantage des filles que le préjugé de la virginité a pu se consolider et se perpétrer; il n'est pas défendable en ce cas et en ce point de vue.

Quand on recommande aux jeunes-filles : « *Gardez-vous vierges pour votre mari* » ce précepte ne serait que : « *Prenez un peu de patience pour trouver mieux, vous ne perdez rien pour attendre* ». Elles attendent et elles y perdront. Elles n'y perdront pas seulement l'homme ou les hommes qui leur auraient plu comme amant, mais elles y perdront le mari qui n'a point tenté leur fraicheur de vierges et que leur épanouissement de femme a conquis

La lenteur ou la froideur de sens n'a rien de commun avec la vertu…

Efforcez-vous de préciser en vous l'image dans une de nos villes d'Occident ou du Nord de ces milliers de jeunes-filles que l'absurdité des mœurs condamne à la solitude, à la contrainte, à l'obsession stérile de l'amour. En face de cette image et pour lui faire fendant, dressez l'image de ces milliers de femmes qui ne subsistent que par la prostitution de leur corps, dont l'amour, si l'on peut nommer ainsi, est involontaire métier, et que la férocité de leur mœurs livre indistinctement à l'appétit des hommes. Songez que, la même nuit ou tant des filles qui souhaitaient passionnément l'amour, et en sont privées, tant des femmes vont être condamnées à le subir sans plaisir et sans choix.

Les unes sont parquées dans l'amour, les autres sont hors de l'amour. Les unes sont interdites de toucher à l'homme les autres sont condamnées aux hommes. Quel tableau, et peut-on l'envisager sans effroi?

Il est barbare qu'en pleine vigueur de sa jeunesse, la vierge, sous peine de déchéance et de déshonneur, soit tenue de réprimer en elle l'instinct qui est le mouvement même de la nature.

Il est affreux que la prostituée soit tenue par la menace même de la faim, de fournir son corps à La jouissance impérative d'un passant qui elle ne rêvera plus. Le retranchement obligatoire et arbitraire de l'amour et son application aussi obligatoire, sont deux iniquités presque également révoltantes. Et pourtant elles se compensent, elles se conditionnent, elles sont le contrepoids, la rançon l'une de l'autre.

Vierges et prostituées n'apparaissent ainsi comme des automates inanimés dont une force étrangère réglait impérieusement les gestes et les actes, sensiblement abstraite de la vie normale, vidés de toute liberté, de toute réalité personnelle…

La question du 'mariage' est peut-être une question délicate en certaines situations. Certains pensent qu'une femme ne doit se marier qu'à 'l'âge de la raison' après la disparition de ce qu'on nomme 'l'instinct polygamique'.

Proverbes et Citâtes

Un livre écrit par Dimitri Merejkovski : 'Le roman de Leonard de Vinci' : c'est le deuxième volume, dont le premier est : 'La Résurrection des Dieux'...

Dans la 'Boite de mécanique' de Léonard de Vinci*: Oh, que ta justice est merveilleuse, Premier Moteur, tu n'as pas voulu priver aucune force de son ordre et de ses qualités indispensables – Oh, divine nécessité!*

Dans le tableau commandé pour Verrochio par le moine de Vallenti et qui représente le 'Baptême du Christ', Léonard peignit un ange agenouillé. Tout ce que Verrochio pressentait, vaguement, ce qu'il cherché à tâtonner comme un aveugle, Léonard le vit, le trouva et l'incarna dans cette image. Par la suite on raconte que le maitre, désespéré de se voir distancé par cet adolescent, avait renoncé à la peinture...

...Le maitre aimait à accompagner les condamnés à mort, pour lire sur leur visage tous les degrés de l'angoisse et de la terreur, éveillant même chez les bourreaux un étonnement par sa curiosité, suivant jusqu'au dernier tressaillement des muscles du mourant. Cet homme relèvera un vermisseau et le posera sur une feuille pour ne pas l'écraser; et parfois il y a des périodes durant lesquelles, si sa propre mère pleurait, il se contenterait d'observer comme elle hausse les sourcils, fronce le front et abaisse les coins de la bouche.

...Il n'est jamais content de ce qu'il fait. Dans des œuvres qui paraissent aux autres le comble de la perfection, il trouve des erreurs. Il poursuit tout le temps l'insaisissable, ce que la main humaine – quel que soit l'infini de son art – ne peut l'exprimer. Voilà pourquoi presque jamais il n'achève ses œuvres (Giovanni Beltrazio).

…Et il semblait à Giovanni que maintenant Léonard et Mona Lisa étaient deux miroirs qui, se reflètent l'une dans l'autre, s'absorbaient à l'infini. Tous les deux marchaient sur le bord d'un abime, la où personnes encore n'avaient marqué ses pas, vainquant la tentation et l'attirance de l'infini. Entre eux existaient des mots glissants et transparents à travers lesquels luisit le secret comme le soleil entre à travers le brouillard…

…Je voudrais finir le portrait, dit-il lentement comme à lui-même. Mais je ne sais…il me semble parfois que ce que je veux est impossible…Impossible, s'étonna Gioconda, en effet, j'ai entendu dire que c'est parce que vous cherchez l'impossible que vous n'achevez jamais vos œuvres…

…Il leva les yeux vers elle et de nouveau crut lire sur son visage un reproche suppliant, sans espoir. Il savait que cet instant était pour tous deux irrévocable et solennel comme la mort. Il savait Il savait qu'il ne pouvait se taire. Mais plus il forçait la volonté pour trouver le mot juste, plus il sentait son impuissance et l'abime qui se creusait entre eux. Et Mona Lisa lui souriait de son sourire calme et radieux. Mais maintenant, il lui semblait que ce calme et cette clarté étaient semblables aux sourires des morts.

…Une pitié intolérable lui serra le cœur, le rendit plus faible encore. Mona Lisa lui tendit le main et, silencieux il la baisa pour la première fois depuis qu'ils se connaissaient et en même temps il sentit que, se baissant rapidement, Gioconda avait baisé ses cheveux…Lorsqu'il remit à soi elle n'était plus là. Autour de lui régnait le silence mort d'un après-midi d'été, beaucoup plus menaçant que le silence d'une nuit profonde…

<u>Citâtes</u> :
…Soyez sages comme le serpent, simples comme la colombe (Mathieu X-16).

…La beauté meurt dans l'homme et non dans l'art. Celui qui méprise la peinture, méprise la philosophie et la contemplation raffinée de la nature. Prend garde que l'amour de l'argent n'étouffe en toi l'amour de l'art.

...Souviens-toi qu'acquérir la gloire est bien au-dessus de la gloire d'acquérir. Le souvenir des riches disparait avec eux. Le souvenir des sages survit, car la science et la sagesse sont enfants légitimes. L'argent n'est qu'un bâtard.

...Un artiste qui ignore le doute est un médiocre.

Le jugement d'un ami est souvent plus juste et plus utile que celui d'un ami. La haine est presque toujours plus profonde que l'amour. Un ami sincère est un second toi-même. L'ennemi ne te ressemble en rien et en cela réside la force. La haine dévoile plus de choses que l'amour. Souviens-toi de cela et ne méprise pas le blâme des ennemis.

...Rappelles-toi, entre la lumière et l'obscurité il y a un intermédiaire tenant les deux, telle une lumière ombrée ou un jour sombre. Recherche-le artiste, dans cet intermédiaire se trouve le secret de la beauté charmeuse.

...L'ombre d'un homme projetée par le soleil sur un mur et entourée d'un trait de couleur, fut la première œuvre picturale.
...Ce n'est pas l'expérience, mère de tous les arts et de toutes les sciences, qui trompe les hommes, mais l'imagination qui leur permet ce que l'expérience ne peut donner.

...Quand tu es seul, tu serais entièrement à toi. *Si tu sarai solo, tu sarai tutto tuo.*

...Les sens appartiennent à la terre, la raison est en dehors des sens, quand elle contemple

...Un souverain doit être également un homme et un fauve (Niccolo Machiavelli).

...La science incomplète donne aux hommes la fierté; la science parfaite, l'humilité.

...En vérité l'homme est le roi des animaux, ou plutôt le roi des brutes, *re delle bestiae,* car rien n'égale sa cruauté.

...Plus la sensibilité ne soit grande, plus forte serait la douleur.

...Entendez-vous, que Dieu vous en préserve. Éviter de chercher dans un sac une aiguille parmi des vipères... La vie conjugale est un fardeau possible pour les épaules d'Atlas et non pour celle des hommes...La parfaite vérité parait toujours invraisemblable (Machiavelli).

...Les hommes ordinaires ne supportent pas la liberté, ils la craignent plus que la mort et lorsqu'ils ont commis un crime plient sous le poids du remord.

...Nous sommes toujours des étranges, des vagabonds sans abri, des éternels exilés. Celui qui ne ressemble pas à tout le monde est seul contre tous, car le monde est créé pour la médiocrité et il n'y a pas de place au monde pour élus. Oui, mon ami, il est même triste de vivre et peut-être le pire dans une existence n'est pas le souci, la maladie, la pauvreté, la douleur...mais l'ennui.

Notice biographique sur Louis le Maure :
Fils de Francesco Sforza, audacieux mercenaire romagnol, moitié soldat, moitié brigand, il rêvait de devenir le souverain maitre de l'Italie unifiée.

Le dimanche de 6 octobre le roi de France, Louis XII, entra à Milan par la porte Ticinese. Dans sa suite figurait César Borgia, duc de Valentino, fils du pape. Un jeune homme de vingt ans, simplement vêtu de noir, sans ornements, sauf quelques perles sur le revers du béret et la chaine de coquillages d'or du collier de l'Ordre de Saint-Michel. Il avait les cheveux blonds et longs, une barbiche rousse, une pâleur mate et des yeux bleu-noir, intelligents et affables.

...Dans le tableau commandé par Verrochio et qui représente le 'Baptême du Christ', Léonard peignit un Valentino comme un ange agenouillé. Tout ce que Verrochio pressentait vaguement, ce qu'il cherchait à tâtonner comme un aveugle, Léonard le vit, le trouva et l'incarna dans cette image. Par la suite on raconte que le maitre, désespéré de se voir distancé par cet adolescent, avait renoncé à la peinture...

... Le visage de Valentino à vingt-six ans : il avait maigri depuis la Cour de Milan. Ses yeux bleu-noir étaient plus fermes et impénétrables. Les cheveux blonds encore épais et la barbiche avaient foncé. Le nez allongé rappelait le bec d'un oiseau de proie. Mais une parfaite sérénité se dégageaient de ce visage impassible. Seulement il avait maintenant une expression de plus impétueux hardiesse que jamais, une terrifiante finesse aiguée comme la lame aiguisée d'une épée nue...

MIX
Papier aus verantwortungsvollen Quellen
Paper from responsible sources
FSC® C105338

Printed by Books on Demand GmbH, Norderstedt / Germany